AF602163

ADDITION DE QUELQUES PIECES NOUVELLES,

faites depuis l'impreſſion des premieres.

EPISTRE AV ROY.

SIRE, c'est à regret que libre, & sans Office,
Ie vay passer mes iours hors de vostre service;
D'un Zele, qui pour vous ne s'est point alteré,
A vous suivre partout ie m'estois preparé;
Ie vaux peu; mais GRAND ROY, i'ay la volonté bonne,
Et i'eusse volontiers prés de vostre Personne,
Finy sous vostre regne en mon âge avancé,
Ce que i'ay sous un autre à vingt ans commencé.
Mais puisqu'enfin le Ciel autrement en dispose,
Qui connoist nostre mieux, & fait bien toute chose,
Ie ne laisseray pas en lieu moins éclatant,
De vivre encore en paix, & de vivre content.
La peine en cet estat la seule qui me reste,
Est la crainte où ie suis, qu'un malheur manifeste

(Plein pour les plus prudens d'inevitables coups)
Ne m'ait fait en servant manquer auprés de vous.
Car quel est l'homme enfin & si droit, & si sage,
Qui rencontrant ou pierre, ou borne en son passage,
(Où malheureusement son pied vienne à toucher)
Quelquefois en marchant s'empesche de broncher.
Mais comme également toujours je vous revere,
Si vous m'estes bon Maistre, & plus doux que severe,
Pour ne vous plus servir, vous n'empescherez pas
Que parfois mon amour me porte sur vos pas,
Et qu'en vostre maison pour cesser d'avoir place,
Ie cesse de joüir du fruit de vostre Grace.
Seul bien, de tous les biens de vostre Majesté,
Pour moy le plus solide, & le plus souhaité;
Qui de le posseder me donne plus d'envie,
Pour asseoir en lieu seur le repos de ma vie;
Et faire qu'en mon Sort je me devienne cher,
Quand je n'auray pour vous rien à me reprocher.
Qu'où je borne icy-bas ma plus haute esperance,
I'auray part à l'honneur de vostre bienveillance,
Et qu'enfin vos bontez seront à mon secours
Les heureux Alcions du reste de mes jours.
Iours qui ne sont plus miens, que je consacre, SIRE,
A peindre à nos Neveux l'éclat de vostre Empire,
Et faire, si je puis, retentir dans mes vers,
D'un haut ton, vostre gloire aux bouts de l'Vnivers.

D'ailleurs auprés de vous n'ayant plus rien à faire,
(Si vostre Majesté ne s'oppose au contraire)
Mon Destin m'appellant à cet autre métier,
Ie m'y veux pour vous seul appliquer tout entier.
Pour vous, mon Apollon m'en donnant le courage,
Ie veux laisser au Monde un memorable Ouvrage ;
Graver solidement en bronze vos beaux faits,
D'un burin que le Temps n'effacera jamais.
Car à traiter à fond cette haute matiere,
Quand ce Dieu, qui sçait tout, nous preste sa lumiere,
Le feu divin qu'il soufle animé de l'espoir,
De bien loin en écrits passe l'humain Sçavoir.
On sort à sa faveur, mieux que les plus habiles,
Des pas les plus mauvais, & les plus difficiles ;
Et dans un œuvre égal, bien conduit, & bien joint,
On s'anime, on s'éleve, & l'on ne déchet point.
Ainsi, plus plein pour vous de feu que de doctrine,
Et noblement poussé d'une fureur divine,
I'ay n'agueres chanté d'un stile non trop bas,
La gloire sur l'Escaut de vos fameux combats ;
Et si moy-mesme icy cette Ode je ne vante,
Pour une Ode en beauté celebre ny sçavante,
C'est pour ne sçavoir pas si vostre Majesté,
Luy venant de ma main, à l'ouvrage gousté.
Iusques-là vainement tout autre homme le louë ;
Si vous ne l'avouez, leurs voix ie desavouë,

Et ne puis m'asseurer de sa juste valeur,
Que par vostre seul goust, qui prévaut sur le leur.
Ma Chanson par hazard, poura vous plaire, SIRE,
Si vous daignez l'entendre, & vous la faire lire;
Car ie sçay, que bien plus qu'aucun pareil écrit
Les hauts soins de l'Estat vous occupent l'Esprit.
Mais prenez-en le temps, & dérobez-le aux veilles,
Dont nous voyons pour fruit tant de rares merveilles,
Un quart d'heure, & rien plus, pris sur vostre loisir,
Pourra selon mes vœux accomplir mon desir.
En vain l'on veut, pour plaire aux Maistres du Parnasse,
Se mesler de rimer, & d'écrire avec grace,
Nul ne s'est de cet Art encor bien acquité,
Qui n'a point l'art de plaire à vostre Maiesté.
Cherchant de la iustesse aux accords de ma Lyre,
C'est pour la rencontrer le seul but où i'aspire.
Non qu'il ne me soit doux, qu'aprés vous les François,
Prestent avec plaisir leur oreille à ma voix:
Mais (si pour mes recits ce n'est point trop pretendre)
Ie veux sur tout de vous qu'ils se fassent entendre,
Ma Muse tost ou tard, GRAND PRINCE, *vous plaira,*
Ou ma Muse en la peine un iour y perira.

MADRIGAL,

AV ROY.

QVAND, *l'interest à part, à la Cour on s'embarque,*
Estre regardé du Monarque
Tant soit peu favorablement,
Des nobles Cœurs est l'element.
Mon Prince obligemment m'a promis de le faire,
A la Cour j'ay fait mon affaire,
Et ne demanderay jamais
Autre chose de ses bienfaits.

EPISTRE
A S. A. R. MADAME LA DUCHESSE D'ORLEANS.

Pour l'inviter à son retour du Voyage de Flandre.

HONNEUR *de nostre Siecle, & ses rares delices,*
PRINCESSE, *loin de qui l'Ignorance & les Vices*
S'écartent en fuyant d'un & d'autre costé ;
Miracle d'Albion, vivante Deïté,
Ame belle, Ame noble, aux moindres favorable,
Qui divine en effet, n'a rien que d'adorable,
Et qui digne icy bas de l'encens des Mortels,
Auroit merité d'eux un Temple & des Autels.
Temple où tiendroient leur rang dans les premieres places
Les Ris & les Attraits, les Amours & les Graces,
Si ce n'est qu'aux Vertus, encor de plus haut prix
Ne cedassent leur rang les Graces & les Ris.
Pourquoy faut-il enfin, rare & sage PRINCESSE,
Où regnent la Beauté, l'Esprit, & la Noblesse,
Et ce nombre infini d'illustres qualitez,
Dont vous tenez nostre Ame & nos sens enchantez,

Que d'un ſang ſi Royal, que d'un ſi haut merite,
Par une foible main la Gloire ſoit écrite?
Et pourquoy mon Deſtin m'offre t'il pour objet
Avec ſi peu de force un ſi digne ſujet ?
Venez à mon ſecours Deeſſes du Permeſſe,
Il eſt temps, ou jamais, de me tenir promeſſe,
Vous m'avez flatté ieune au profond de vos bois,
De m'inſtruire à charmer les Princes & les Rois ;
Mettez la main à l'œuvre, & ſans vous en dédire,
D'un Vers digne des Dieux permettez moy d'écrire,
Qui tout brillant de l'or du celeſte Flambeau,
N'ait rien que d'élevé, que d'illuſtre, & de beau.
N'épargnez en mes ſons ni graces, ni richeſſes,
Et m'ouvrant vos Threſors faites m'en des largeſſes;
Je ne puis, nobles Sœurs, avec vous pouvant tout,
Du poids de mon ſujet ſans vous venir à bout.
Encor diray-ie bien que pour peindre les Graces,
Et les Appas charmans qui naiſſent ſur ſes traces;
Pour vanter de ſon front la douce Majeſté,
Pinde ne produit rien d'aſſez grande Beauté,
Vos Vers non moins fleuris qu'en tout temps ſes prairies,
Et vos termes de choix paſſant les pierreries,
L'éclat, la netteté, des perles d'Orient,
Pour figurer ſes yeux n'ont rien d'aſſez riant,
Qui brillans ſur un teint, & de lys, & de roſes,
Compoſent un amas de tant d'aymables choſes,

Qu'à luy voir étaler tant de divins attrais,
Elle fait sur la Terre un Ciel de son Palais.
Nymphes, vous le sçavez aussi bien que moy-méme,
Vous connoissez sa grace, & sa gloire supréme,
Et l'air de son accueil, entre autres qualitez,
Vous charme & vous ravit quand vous la visitez.
Rien ne manque à vos vœux en ce secret commerce,
Et rien ne passe encor l'équité qu'elle exerce,
Quand sur ce qui regarde & vos Luths, & vos voix,
Et les tons éclattans du Theatre François,
Et tout ouvrage enfin soit de Vers, soit de Prose,
Que sous vostre faveur nostre Troupe compose,
Elle prononce en Reine, & donnant ses arrets
Elle sçait conserver nos communs interets.
Celebrons donc sa gloire, & l'élevons ensemble,
Quelle Heroïne au monde en charmes luy ressemble?
Et vit-on sous le Ciel la Nature & les Dieux,
Pour le corps, ou l'esprit produire rien de mieux?
Vit-on iamais Sagesse, au sein de la Puissance,
Mieux soûtenir l'éclat d'une haute Naissance;
Car la sienne, establie au dessus des humains,
Pût luy mettre, au lieu d'un, trois Sceptres dans les mains.
Mais comme le merite est tout dans les personnes,
Sa Vertu, qui brillante efface les Couronnes,
Et qui nous tint long-temps de son lustre éblouïs.
L'approcha sous Hymen d'un frere de LOVIS.

Frere, d'aussi haut sang en ce degré suprême,
Que s'il l'estoit d'Alcide, ou de Iupiter méme,
Et qui tenant sous soy les vices abbatus,
Des Heros fils des Dieux professe les Vertus.
Mais l'Epouse en merite également illustre,
Eclatte de sa gloire & de son propre lustre,
Et le Ciel dont les dons nous rendent bien-heureux,
Luy fit part en naissant d'un Esprit genereux,
Luy fit une Ame grande, une humeur bien faisante,
A penetrer les cœurs, de bonté suffisante,
Luy fit un Sens parfait, plein d'un brillant sçavoir
Qu'il est en ses discours aysé d'appercevoir;
Un aymable enjoüment qui se mesle à ses gestes,
Non moins majestueux que doux & que modestes.
Luy donna pour escorte un million d'appas,
Qui se plaisent en elle, & ne la quittent pas;
Qui composent sa suitte, & marchant sur ses traces
Attirent apres eux les Amours & les Graces.
Soit qu'elle soit au Ieu, soit au Cercle Royal,
Ou soit qu'elle s'agitte, & qu'elle danse au Bal.
Car c'est-là qu'en effet mille attraits elle étale,
Qu'en grace, & qu'en bon air, personne ne l'égale.
Qu'elle sçait seule à soy tous les yeux attirer,
Et qu'elle a l'art divin de se faire admirer.
Mais plus divin encor' est l'art qu'elle a d'entendre,
Ce que les plus sçavans ne luy sçauroient apprendre,

Car la Nature, en elle épuisant ses Tresors,
Pour luy former l'Esprit fit ses derniers efforts,
Et luy fit acquerir un point de connaissance,
Que Minerve n'accorde à nulle autre naissance,
Elle qui sçait verser sur nous dés le Berceau,
Ce que pour les Mortels le Ciel à de plus beau.
Au temps qu'elle nâquit l'orgueilleuse Thamise,
D'un Miracle si grand s'enfla toute surprise,
Encor qu'accoustumée à voir de tous costez,
Croistre autour de ses bords les plus rares Beautez,
Depuis venant en France, en grace sans seconde,
Elle eut chez nous, le don de plaire à tout le monde;
Mais ce qui fut bien plus que de plaire aux François,
Le don de plaire encore au plus grand de nos Rois.
Car bien qu'à dire vray, sa Gloire soit extreme,
Ce qui l'éleve encore en un degré supreme,
Est l'Estime qu'en fait, & l'Europe, & le Roy
Qui luy-mesme à l'Europe aujourd'huy fait la loy:
Ce haut, ce redoutable, & ce puissant Monarque,
Où tout est d'un grand Prince, & dont l'aspect nous marque
Sa Fermeté, son Cœur, son rare Iugement,
Mais qui sur tout fait voir son beau discernement,
Son bon sens, son bon choix, dans la noble tendresse
Qu'il a pour cette aimable, & charmante Princesse,
Dont rien n'exprime mieux le merite parfait,
Que de voir à la Cour l'estime qu'il en fait.

Estime qui la rend aujourd'huy, de la France
L'union, l'entretien, l'amour, & l'esperance,
Où l'on ne la voit point, la Concorde, & la Paix,
Le Repos, la Douceur, ne se trouvent jamais.
Comme il n'est point d'ailleurs d'Orage, & de querelle,
Où son divin Objet le Calme ne rappelle,
Et l'Estat tient cet Astre en gloire nompareil,
Pour son bienheureux Phare, & son second Soleil.
Merveille de nos jours, en tous lieux desirée,
Non sans dueil à present, loin de nous retirée,
Où pour le commun bien vous a conduit le Sort;
En puissiez-vous enfin revenir à bon port.
Venez, Astre tranquille, Astre à tous favorable,
A qui celuy du jour à peine est comparable,
Du beau feu de vos yeux, du ton de vostre voix,
Faire cesser chez nous les regrets des Francois,
Tandis que vous brillez aux environs de Douvre,
Rien que nuit, rien qu'ennuy, ne regne prés du Louvre,
Et soûpirant sans cesse aprés vostre retour,
Tout Paris vous demande, aussi-bien que la Cour.
C'est assez visiter l'Angleterre & la Flandre,
Aux doux bords de la Seine il est temps de vous rendre;
Revenez, ce retour est le plus grand plaisir,
Dont vous puissiez répondre à son juste desir.

SONNET

A LA MESME

Sur ſon heureuſe arrivée.

Soyez deſſus nos bords enfin bien revenuë,
PRINCESSE, *qui menez les Graces avec vous;*
Et ſans qui languiroit le climat le plus doux,
Tant le moins éclairé s'anime à voſtre veuë.

Vous brillez aux regards d'attraits ſi bien pourveuë,
Qu'il n'eſt rien de ſemblable en beauté parmy nous;
Beauté d'autant plus chere, & plus aimable à tous,
Qu'elle eſt divinement de Vertu ſoûtenuë.

Daigne voſtre œil ſerain, d'un regard amoureux
Dont il rend, quand il veut, les peuples bienheureux,
Long-temps pour noſtre bien s'attacher à la France.

Et tenu ſur nos Lys, arreſté conſtamment,
D'un nouveau Siecle d'or remplir noſtre eſperance,
Et leur rendre en éclat leur celeſte ornement.

SONNET

A MADAME LA COMTESSE DE CRVSSOL.

ADmirable CRVSSOL, *pourquoy vous le celer,*
I'ay dans l'ame pour vous une bien haute estime,
Et je veux, si je puis, d'un encens legitime
Tel qu'on le doit aux Dieux, vos Vertus signaler.

Rien ne peut en clarté vostre Esprit égaler,
ARTENICE *&* IVLIE, *au merite sublime,*
Elles qui du Parnasse ont habité la cime,
Mieux de juger des Arts n'ont sceu se démesler.

Les beaux Esprits du temps, qui touchant les miracles
Des œuvres plus fameux, consultoient leurs Oracles,
Leurs Temples délaissez ne courent plus qu'à vous.

Et les nobles Autheurs des plus divins ouvrages,
Quand vous les caressez d'un Eloge un peu doux,
En tirent à leur Nom de puissans avantages.

SONNET

SONNET

A MONSEIGNEVR LE PRINCE DE MARSILLAC.

MARSILLAC *devoit bien, ma Muse, tenir place*
Entre les grands Heros que vous avez vantez,
Il en receut du Ciel toutes les qualitez,
Le bon Sens, la Conduite, avec la noble Audace.

Il en a, pour le Corps, l'air, l'adresse, & la grace;
Pour l'Ame il en fait voir la force, & les bontez;
Et des hommes marchans droit aux Divinitez,
Dans le rang des premiers, il marche sur la trace.

Cependant quoiqu'il soit d'un merite achevé,
Dans le rang des derniers vous l'avez reservé,
Muse, avouez le vray, c'est luy faire une injure.

Sinon que vous disiez, qu'en l'Empire François
Il est tant de Heros, qu'à la race future,
On les voudroit vanter en vain tous à la fois.

SONNET

A MADAME LA COMTESSE DE LA SVZE.

I'Ay pris tant de plaisir, COMTESSE, à vous entendre
D'un ton harmonieux lire si bien mes vers,
Que sans m'en dire rien vous m'avez fait comprendre
L'erreur de s'estre teus de vos charmes divers.

Souvent en vos beaux yeux i'ay veu les Cieux ouverts,
Et souvent vostre bouche, où rien n'est à reprendre,
Du feu de vostre Esprit peu caché sous sa cendre,
M'a par cent beaux discours les rayons découverts.

Mais le tout bien pesé d'un devoir en balance,
I'ay trouvé que pour vous estre dans le silence,
Comme vous meritez estoit vous estimer.

Puisqu'encor peut la Muse en tons dignes de plaire,
Vne Gloire commune en parlant exprimer,
Mais la grande à l'excés est un champ à se taire.

SONNET
A
M^R LE CAMVS
PROCVREVR GENERAL
de la Cour des Aides.

TA Vertu qui ſoutient, & fait briller ta Gloire,
Tantoſt dans le Palais, & tantoſt dans la Cour,
Mieux qu'en ces ſimples ſons pour ton renom, un jour
Doit de la loy du Temps triompher dans l'Hiſtoire.

C'eſt là que de tes faits revivra la memoire,
Qui d'Aſtrée ont chez nous ménagé le retour;
Quand l'Eſprit tranſporté du feu de ſon amour,
Sa Grace avec les Dieux le Nectar t'a fait boire.

Je te diray pourtant, qu'enfin ſi ce Recueil
Riant aux Curieux, du Public a l'accueil,
Qu'au Palais, qu'au Lycée on approuve ma plume.

Et ſi des Gens d'étude elle entre au cabinet,
Que moins pour t'honorer, qu'honorer ce Volume,
On le verra bientoſt groſsi de ce Sonnet.

SONNET
A
MR CONRART
CONSEILLER ET SECRETAIRE du Roy.

IE te croyois, CONRART, *à deux doigts du Tombeau,*
Prest de livrer ta cendre à quelque ſepulture;
Tandis que par un ſort de plus haute avanture,
Ton Eſprit voleroit au celeſte Flambeau.

Mais te retrouvant ſain, d'un ſort bien auſsi-beau,
Senſible encore au feu qu'inſpire la Nature;
Du Cœur, plus que du Corps, en fort bonne poſture,
Tu peux long-temps gauchir le funeſte Ciſeau.

Au lieu donc d'un Tombeau pour marquer ta memoire,
Ie dois bien pour trophée à ta vivante Gloire,
Ajouter ton Eloge aux Sonnets que voicy.

Toutefois pour des Temps vaincre la nuit profonde,
Ce ſeroit vainement que je mettrois icy
Vn Nom pour la Vertu, ſi connu par le Monde.

TOMBEAV POVR Mme DE LANLEV

Tante de l'Autheur.

SOus ce Tombeau repose une illustre VOITVRE,
De ce fameux Esprit la rare & digne Sœur;
Tombeau, qui d'un Tresor dans ses os possesseur,
Ensevelit en eux la Vertu toute pure.

Nulle obscure ignorance, & nulle sale ordure,
De ses jours innocens n'ont terny la candeur;
Et pour les biens du Ciel son zele, & son ardeur,
Luy firent preferer la Grace à la Nature.

Ieune elle aima les Ieux, les Appas, & les Ris;
Les Livres ont esté depuis ses favoris,
Et des objets communs rien ne luy fit envie.

PASSANT, *si tu m'en crois, ne pleures point sa mort,*
On ne doit rien que joye au sortir d'une vie,
Dont on dépouille ainsi le perissable Sort.

TOMBEAV
POVR
MME DE CHANVALON
Niece de l'Autheur.

L'Ame n'est pas icy, le Corps seul y repose
De celle à qui la Parque a creusé ce cercueil ;
Dieu, qui connut sa foy, l'admit avec accueil
Au Seiour, où d'impur ne monte aucune chose.

Comme se couche un Lys, comme seche une Rose,
Au triste vent du Nort, qui des fleurs est l'écueil ;
Ainsi la vit-on choir, s'effacer, clorre l'œil,
Et perdre enfin le feu qui nostre Estre compose.

Mais que faire, aprés tout, en ces sortes de coups ?
Elle est en nous quittant plus heureuse que nous,
Qui restons, & restant ne faisons que nous plaindre.

On n'entend point de bruit, point de plaintes là-haut,
Rien n'y gemit, n'y souffre, & ne se sent éteindre,
Et l'Esprit y iouït d'un Estre sans défaut.

STANCES.

SVR LA MORT INOPINE'E de Madame à Saint Cloud.

Falloit-il revenir, O divine Princesse !
Et chez nous avec vous r'amener l'allegresse
Pour repartir si-tost ?
Et devenant un Astre en la voute étoillée,
Ne laisser icy bas prés des Dieux appellée,
Que vos Os en dépost ?

En quelle Nuit de deüil, en quels Torrens de larmes
Ne met point l'Univers, l'eclipse de vos charmes
Contre son vain desir ?
Et de quelque douceur que d'ailleurs il abonde,
Pourra-t'on vous perdant desormais dans le monde
Gouster quelque plaisir ?

Vous estiez sa Merveille, & quoy que l'on y voye,
On n'y voit nulle part éclatter cette joye
Qu'inspiroit vostre objet.
Pour le commun malheur le Ciel nous le retire,
Et si comme la Cour tout l'Estat en souspire,
Ce n'est pas sans sujet.

Où verra-t'on jamais une aimable Personne,
D'un Front comme le vostre à porter la Couronne,
Mieux ressembler aux Dieux ?
Et mieux par ses bontez, mieux par son assistance,
Faire en donnant ses vœux, & ses soins à la France,
Le bonheur de ces lieux ?

Les Parques, qui là haut fillent nos destinées,
Pourront-t'elles jamais refaire en mille années,
Quelque Estre plus parfait,
Plus rayonnant du feu des celestes demeures,
Plus rare, & plus divin, que celuy qu'en trois heures
Leur rigueur a défait ?

Ce coup dont sur Paris la foudre encore gronde,
Aussi bien que la Cour estonne tout le monde;
Et la tranquillité
Qui cét Astre regnant regnoit sur le Parnasse,
Cede enfin à l'orage, & trouve en sa bonace
De l'instabilité.

Au pied de ce Saint Mont les Muses esplorées
De la peur de perir tremblent défigurées,
Faute de son appuy :
Et dans l'accablement d'une cheute si grande,
Ne sçavent au besoin à qui pour leur offrande
S'addresser aujourd'huy.

De moy ne voyant plus cette aimable Princesse,
Pour qui, quand elle estoit, je meditois sans cesse
Quelque chose de doux ;
Ie renonce au Laurier, qui dans cette tempeste
Non plus qu'un autre Front, n'a sçeu sauver ma Teste
Du celeste courroux.

Comme au vol de ma Plume elle donnoit des aisles,
Ma Muse a quelquefois en Eloges fideles
Ses merites chantez :
J'eusse esté bien plus loin, mais j'ay veu sans resource
Par sa perte impreveuë, au milieu de leur course
Mes desseins arrestez.

De l'encens innocent de mes nouveaux Ouvrages,
I'allois à son lever luy rendre mes hommages ;
Et mes pas la cherchant
Où Saint Cloud la voyoit si charmante, & si belle ;
Du seul Astre propice aux ardeurs de mon zele
On m'apprit le couchant.

I'y cours, & d'un grand ROY je voy couler les larmes,
Pleurant amerement la Princesse, & ses charmes
Descendans au Tombeau :
Et luy-méme blessé du coup dont nous le sommes,
Souspirer de douleur, comme un des autres hommes,
Autour de son rideau.

J'y voy comme un Monarque une REINE *affligée,*
D'y trouver la mourante esteinte & si changée ;
Et j'y voy son Espoux
Ayant de déplaisir le silence à la bouche,
Presque aussi mourant qu'elle, & panché sur sa couche
Embrasser ses genoux.

Fondez apres cela sur les Grands de la Terre,
Dont l'infidele éclat, n'est qu'un éclat de verre,
L'espoir de vostre appuy ;
Cette fin, de leur foible est un fameux exemple,
Tel d'entr'eux fut hier, & fut digne d'un Temple
Qui n'est plus aujourd'huy.

Leur vœu reste en ce point comme vn autre inutile,
Des vivans tost ou tard le vaisseau trop fragile
Brise à ce commun port ;
Et quoy que sur ce fait medite nostre envie,
Il faut de la plus longue & la plus courte vie,
En venir à la mort.

Ie tire de ce Sort cette leçon divine,
Qu'il n'est point icy bas de roses sans épine :
Et que nez en un lieu
Qui de tant de revers, & de troubles abonde ;
Pour y vivre en repos, il fait bon dans le Monde
Ne tenir rien qu'à DIEV.

SONNET
AVX MVSES

Sur l'heureuſe gueriſon de MR PERRAVLT.

VEnez danſer enfin, Deeſſes Pierides,
Où n'agueres en dueil vous verſates des pleurs;
Et fouler de vos pieds les herbes & les fleurs,
De vos prez ſemez d'ambre, & de perles liquides.

L'Amphion, qui ſouvent ſur vos ondes ſans rides
Meſla ſi bien ſa voix à vos celeſtes chœurs,
Echapé du danger qui cauſa vos douleurs,
Vient d'arreſter la Parque, & ſes traits homicides.

Le voila qui remis en parfaite ſanté,
Va dans un doux commerce en vos vœux ſouhaité,
Faire valoir vos Arts prés de noſtre Mecene.

Et jamais l'on n'a veu dans les ſiecles paſſez,
Si haut, pour voſtre honneur, ſur les bords de la Seine.
Qu'on les verra ſous luy vos merites placez.

SONNET

POVR REPONSE

à vn petit reproche d'Amy.

IE *ſemerois peut-eſtre en une Terre ingrate,*
Si je ſemois en l'air ſur des pretenſions,
De cueillir à la Cour brevets, ou penſions,
Vray fruit de l'Ame avare, & le ſeul qui la flate.

Mais en felicité la mienne delicate,
Porte plus haut ſon vol, & ſes ambitions,
Et nette en fait de bien d'obſcures paßions,
Vit contente du ſien, ſans que ce ſoin l'abate.

Si j'ay de mes encens fait preſent à la Cour,
Ie l'ay fait noblement, & par le ſeul amour,
Que ſenſible aux beaux faits j'eus toujours pour la Gloire.

Au vray fils d'Apollon, non plus qu'au grand Guerrier
Dont les vœux plus hautains ne vont qu'à la Memoire,
Il ſuffit pour tout prix d'un rameau de Laurier.

SVR

SVR LE MESME SVIET.

Les travaux ne seront pas vains,
Qu'avec un doux effort j'enfantay de ma veine;
Tircis, n'en soyez point en peine,
Ie m'en payeray par mes mains.

La Vertu, qui plus qu'on ne pense,
Est aux hommes d'un grand secours,
Sera dans mon labeur, du bon fruit de mes jours
La suffisante recompense.

Tel croit avoir sur la Fortune
Fait un assuré fondement,
Dont le bien incertain, sans assurance aucune
D'un jour à l'autre se dément.

Tel autre, sur un vain plaisir
Croit avoir affermy la douceur de sa vie;
Qui, du matin au soir, voit la beauté ravie,
Pour qui s'allumoit son desir.

La Vertu, seule invariable
Au repos qu'elle nous promet,
Par le plus court chemin, & le plus veritable,
De la Felicité nous conduit au sommet.

AV LECTEVR.

COMME la Muſe gaye & enjouée eſt du gouſt d'aujourd'huy autant & plus que la grave & la ſerieuſe; j'ay trouvé à propos, LECTEVR, de te faire finir par quelque choſe qui te recreaſt davantage, que ce que tu as lû juſqu'icy. Outre que ces Billets que j'ay écrit de ma main ſur le premier feuillet de mon Livre, en l'envoyant à mes Amis, contenant encore quelques nouveaux Eloges de quelques-uns d'entre eux qui n'ont point de part au corps de ce Recueil. Pour continuer dans le deſſein que j'ay, d'obliger en mes écrits, tout autant de perſonnes que je pourray de ma connoiſſance, je n'ay pas voulu en priver le Public.

CIVILITEZ GALANTES DE L'AVTHEVR

en envoyant à ſes Amis les preſens de ſon Livre.

MADRIGAL

A MONSEIGNEVR LE DAVPHIN.

IE *n'ay point feint de retarder*
De mes Heros voſtre lecture,
Dans le deſſein de les farder
De l'éclat de la relieure,
Eſtant d'un âge à regarder
Les Livres, par la couverture.

Mais, PRINCE, *faites-moy mentir,*
Liſez, ſçachez d'un ſoin extreme
Aimer la Gloire, & la ſentir;
Et daignant le Sçavoir ſupreme
A voſtre Naiſſance aſſortir,
Devenez un Heros vous-meſme.

A Meſſieurs de l'Academie Françoiſe.

Reçoy, celebre ACADEMIE,
Qu'on nomma juſtement d'ignorance ennemie,
De ma main ce petit preſent;
En attendant qu'un jour, ſi je puis, ie façonne
A remplir ton merite, un don plus ſuffiſant,
Dont ie veux qu'à la fin ma Muſe ſe couronne.

A quatre de ces Meſſieurs, des plus familiers Amis de l'Autheur.

En ces nouveaux Ecrits,
Dont i'ignore encore le prix,
Touiours tant que i'ay pu i'ay marché ſur vos piſtes;
Pour les mettre en credit auiourd'huy dans Paris,
Au lieu de mes Antagoniſtes,
Soyez donc mes Patrons, & mes Evangeliſtes.

A Monſieur Chapelain.

Prens de moy, ſçavant CHAPELAIN,
Ce iuſte preſent de ma main,
Que ie te fais pour reconnoiſtre
L'utile peine que tu pris,
De redreſſer en digne Maiſtre,
Ce qui clochoit dans mes écrits.

A Monſieur l'Abbé de Bourzé.

Reçoy, ſage Abbé DE BOVRZE',
Par toute la Terre prisé,
De ma main ces vers en offrande:
Les Muſes les ont enfantez,
Sans ta voix pourtant i'apprehende,
Qu'ils ſoient des hommes peu vantez.

A Monſieur Charpentier.

Prens de moy, noble CHARPENTIER,
Et ſçavant au divin métier,
Dont ie me meſle dans ce Livre,
L'humble preſent que ie t'en fais;
Et t'en ſers à me faire vivre,
Avec l'Envie, en bonne paix.

A Monſieur de Corneille.

Reçois en don, noble CORNEILLE,
Du Theatre François l'honneur & la merveille,
Ces Sonnets qui viennent de moy;
Si quelque peu ie les eſtime,
C'eſt que ſans te flatter d'un encens legitime,
Ils parlent aſſez bien de toy.

A Monsieur l'Abbé Menage.

Reçoy le don, amy MENAGE,
Que j'adjoute au don de mon cœur,
En te presentant cet ouvrage,
Qui malgré le peuple mocqueur,
Comme tes vers ait l'avantage,
D'estre de la Parque vainqueur.

A Monsieur Perrault.

Prens de moy, celebre PERRAVLT,
Ce don qui n'est pas sans défaut,
Mais qui n'est pas aussi sans grace:
A vouloir mon siecle charmer
Tu redoubleras mon audace,
Si tu peux un peu l'estimer.

A Monsieur Nublé.

Avec ta seule voix tu peux à mes Escrits,
NVBLE', *faire avoir quelque prix;*
Mais ce qui mieux que toy les peut mettre hors d'attente
De l'Envie à la noire dent,
C'est, s'il échet qu'enfin les approuve sans feinte,
Le bon goust de ton President.

A Monsieur Conrart.

A vous à moins que d'apporter
Ie n'eusse osé me presenter
Veu comme vous sçavez ma trop longue licence
A cesser de vous visiter:
Et pour de mon devoir envers vous m'acquitter,
Aprés plus de six ans d'absence,
I'aurois deu mesme vous traiter
Avec plus de magnificence.

A Monsieur l'Abbé Cotin.

Ie dois bien à nostre amitié
A tout le moins de trente années,
D'un vers en mon repos à loisir chastié,
Ces Chansons à leur fin menées:
Reçoy-les donc en don, de qui fust, cher COTIN,
D'Officier fait Autheur, comme veut son Destin.

A Monsieur de Moliere.

Sois Iuge, celebre MOLIERE,
Si j'ay d'une veine écoliere,
Traité les vers qui sont icy:
De sçavoir quelque chose en mon Art je me vante,
Si ta Muse habile & sçavante,
Les lit sans y trouver de Si.

A Monsieur de Racine.

Reçoy de moy, rare RACINE,
Dont la Muse tragique à vingt ans fut divine,
Ce leger present de mes mains:
Avec toy les Graces sont nées,
Mais voy si ces trois Sœurs qui charment les humains,
Accompagnent au moins mes dernieres années.

A Monsieur de Puymorin.

Reçoy, genereux PVYMORIN,
Ces portraits touchez d'un burin,
Dont iamais par le Temps la trempe ne s'efface:
Quelque iour i'y ioindray le tien,
Et celuy de ton Frere en mon Livre aura place,
S'il peut lisant mes vers n'en dire que du bien.

A Monsieur Boileau des Preaux.

Ie loüe, & toy dans tes écrits
De la pluspart des gens sans pitié tu te ris;
Ta Muse n'a iamais fait d'Ode,
La mienne en a fait quelquesfois.
Donc au dire commun de la publique voix,
BOILEAV, *ie suis ton Antipode.*

Ne laiſſons pas de nous aimer,
Nous ſçavons tous deux bien rimer;
Ma Muſe au jeune feu de la tienne aſſortie
Ne ſçait pas mal tourner un vers:
Ainſi quoiqu'oppoſez en nos écrits divers,
Nous avons de la ſympathie.

Des miens tu pouras librement
En Cenſeur declaré dire ton ſentiment,
Ma main les livre à ta critique;
Mais traite juſtement ces fruits de mon loiſir,
Alors bien loin que je m'en pique
Et je t'en veuille mal, tu me feras plaiſir.

A Madame la Comteſſe DE LA SUZE.

Oſerois-je, aimable COMTESSE,
Dont la Muſe s'exprime avec tant de juſteſſe,
Offrir à vos beaux yeux ces Sonnets que j'écris:
Ils triompheroient de la Parque
Ces Vers que j'enfantay, ſi des voſtres ſans prix
Ils portoient la divine marque.

A Mademoiselle de Scudery.

Fille, en merite toute rare,
A qui le Ciel n'est point avare
De ses plus favorables dons ;
De ma Muse un peu serieuse,
Mais envers vous respectueuse,
Agreez en ces vers les recits & les sons.

A Monsieur Arnauld.

Daignerois-tu prester l'oreille,
ARNAVLD, *du Siecle la merveille,*
A ce peu de raison que je rime en mes vers :
Si ne leur estant point contraire,
Ils avoient l'honneur de te plaire,
Ils plairoient à tout l'Univers.

A Monsieur Bachot Medecin.

Reçoy, fidele Medecin,
A l'Art de qui ie dois si je suis sain,
Ce petit present de ma Muse :
Puisse Apollon & vous, d'un double Art assez beau,
Sans que l'un ny l'autre m'abuse,
Me sauver tous deux du tombeau.

A Monſieur Belin.

Reçoy de moy, noble BELIN,
Dont les vers ſont plus doux que lin,
Meſme dans leur beauté que fin or, & que ſoye;
Les miens, dont en cette ſaiſon
Peut avoir peu de cours la douteuſe monnoye,
Mais où ie ioins pourtant la rime à la raiſon.

A Monſieur Sorel.

Reçoy de moy, docte SOREL,
Dont le nom doit eſtre eternel
Pour pluſieurs differents ouvrages;
Celuy-cy, que ſuivant le cours
Des Aſtres, dont les feux dominent les plus Sages,
I'abandonne au public, au declin de mes iours.

A Monſieur Vivot.

Reçoy, fidele Amy VIVOT,
A la divine Sœur de nos Muſes devot,
Ces nouveaux Sonnets, que la mienne
Voulut depuis peu mettre au iour;
Et ſouffre qu'elle t'entretienne
Des grands Heros de noſtre Cour.

A Monsieur des Anges.

Recevez ces vers, cher DES ANGES,
De quelques beaux Esprits celebrans les louanges,
Et sachez les lisant, & ne vous trouvant pas
Avec eux placé dans ma Rime;
Qu'à ma Rime prés, en tout cas
Vous l'estes fort en mon estime.

A Monsieur l'Abbé du Val.

Si ie sçay faire des Sonnets
En vers doux, & coulans, & faciles, & nets,
Et de quel air ma Lyre sonne,
Ou merite d'entrer aux sçavans cabinets,
Vous le verrez, Cousin, non moins bien que personne
En ce Livre que ie vous donne.

A Monsieur le Lieutenant General de Laon.

Quand j'agissois encore au nom de Controlleur,
En cette qualité, non sans quelque valeur,
Ie vous faisois à Laon des presens d'autre chose:
A present que je me repose,
Ou que je n'agis plus qu'en qualité d'Autheur,
Ie ne donne sinon les vers que je compose.

A Monſieur Martin Advocat en Parlement.

Ie vous ay, cher Frere, autresfois
Fait preſent de ma ſurvivance;
Quand de l'Office que j'avois,
Ie vous étrennay par avance.
Ce meſme don encor je vous le fais icy,
Prenez ce Livre, la voicy.

A Monſieur l'Abbé Tallement.

Encore faut-il, cher ABBÉ,
Que le rayon d'Eſprit qui paroiſt en ce Livre,
Qu'au feu du Ciel j'ay dérobé,
A vous comme Amy je delivre;
Peut-eſtre l'approuvant, les Gens plus delicats
Pourront-ils bien en faire cas.

A Mademoiſelle des Iardins.

Reçoy, celebre DES IARDINS,
Dont les talens ſont tout divins
En fait de vers, & d'écriture:
Ceux-cy qui te venant de moy,
Viennent du Neveu de Voiture,
Et pour les agréer, c'eſt aſſez dire à toy.

A Monſieur le Noſtre.

Ie conſacre à tes Thuilleries,
D'œillets & de jaſmins à preſent ſi fleuries,
Pour rire à l'Eſprit des Lecteurs:
D'Helicon ces nouvelles fleurs,
Chez toy ces dernieres ſoient-elles
Plus que les autres immortelles.

A Monſieur Mignard.

Reçoy, Peintre celebre agreable MIGNARD,
Ce Livre, dont je te fais part;
Toy, de qui la main ſignalée
Pour tant de miracles divers,
A fait voler la Gloire ailée,
Qui marche au devant de mes Vers.

A Monſieur Chauveau.

CHAVVEAV, *dont l'éguille d'acier*
Excelle dans ſon Art, ſans te rendre trop fier;
Reçoy le papier de ce Livre
Tant pour toy que pour ta Moitié,
Non comme un loyer de ton cuivre,
Mais un fruit de mon amitié.

A Monſieur de Nanteuil.

Reçois, admirable NANTEVIL,
De mes vers ce juſte Recueil,
Qu'en preſent ma Muſe te donne:
Et voy peignant l'Eſprit ſi ſa main en effet,
Auſſi-bien icy me crayonne,
Que tu le fis dans mon Portrait.

A Meſſieurs Beaubrun.

Prenez en don, l'un & l'autre BEAVBRVN,
Couſins d'un Eſprit non commun,
Ce Recueil que je vous preſente;
Ou qu'avec plus iuſte raiſon,
Non ſans à l'honorer avoir beaucoup de pente,
Ie vouë, & donne encore à la belle SVSON.

A Monſieur Pauquet Archidiacre du Mans.

En qualité de Controlleur,
Dont i'ay, brave PAVQVET, *pour vous de la doulsur,*
Ie ne donne plus aucun vivre:
Au lieu dequoy nouvel Autheur,
Le métier d'Apollon ayant bien voulu ſuivre,
Pour Iambon, ie vous donne un Livre.

A Monſieur Girault.

Avec ce Livre, cher GIRAVLT,
Qui n'eſt pas ſans beauté, ny n'eſt pas ſans défaut,
Noſtre amitié ie renouvelle:
Mande-moy donc, ſi dans le Mans
Se faiſant voir en ſes vieux ans,
On trouvera ma Muſe belle.

A Monſieur de Liniere.

Iuge icy, delicat LINIERE,
Si je ſçay dans mes vers de la bonne maniere,
Me prendre au métier d'Ecrivain;
I'apprehenderois ta Satyre,
N'eſtoit que l'on m'a fait certain,
Que tu veux preferer le louër, au médire.

A un Amy, de la Maiſon du Roy.

Juge, cher Amy, dans ce Livre,
Qu'au Public ma Muſe delivre;
Lequel des deux métiers à ma main ſied le mieux,
D'écrire en Royale Cuiſine,
Poiſſons de choix, Gibiers de bonne mine,
Ou d'écrire nos Demy-dieux.

Mais

Mais juge encore une autre chose,
Quand deffait de la Cour, chez moy je me repose,
Si je n'ay pas sujet d'y vivre plus content;
Que quand en me perdant dans sa foule importune,
J'allois courir aprés du vent,
En courant aprés la Fortune.

Ie m'applique dans ce repos,
A mesler dans mes chants les Rois, & les Heros;
Et pour moy sans que je m'en vante,
Quelques-uns veulent qu'en mon Sort,
Ie sois loin du naufrage, au Parnasse à bon port,
Plus heureux que ceux que je chante.

Si pour mener à fin l'ouvrage le plus beau,
Il me falloit gesner, me rompre le cerveau,
Et presser à force ma veine,
Ie ne choisirois pas un fort charmant métier;
Mais je suis d'Apollon guidé par un sentier,
Où je fais mes rimes sans peine.

Ie me voy par ses dons plus riche que la Cour,
Sa main dans un brillant sejour
Me dresse un lit de fleurs, de Laurier me couronne:
Et là si je n'ay rien des mains
Des Princes ny des Souverains,
Dans mon Sort ie les brave, & c'est moy qui leur donne.

AV PVBLIC.

I'ay ſervy mes Amis les premiers dans mes dons,
Ie ſers les autres les ſeconds,
PVBLIC, *& te donnant aujourd'huy mon ouvrage,*
Ie tė donne un os à ronger.
Ta langue en peut parler à mon deſavantage,
Elle peut auſſi m'obliger.
Ie ne veux à rien t'engager,
Sans trop rechercher ton ſuffrage,
Librement de mes vers je te laiſſe iuger,
Mes Muſes n'en ſeront pas chiches,
On en va deſormais publier les affiches.

www.ingramcontent.com/pod-product-compliance
Ingram Content Group UK Ltd.
Pitfield, Milton Keynes, MK11 3LW, UK
UKHW020452180726
13839UKWH00004B/1775

9 782329 614397